¡HOLA, REGLA!

ELENA CRESPI I ASENSIO

¡HOLA, REGLA!

SIN PELOS EN LA LENGUA: DESCUBRE TU CUERPO, TU CICLO Y LA PUBERTAD

ILUSTRACIONES DE
ELIANA GUTIÉRREZ

B DE BLOK

Papel certificado por el Forest Stewardship Council®

Primera edición: septiembre de 2025

Diseño del interior: Penguin Random House Grupo Editorial / Silvia Blanco
Recurso de la página 32: Freepik

Printed in Spain – Impreso en España

ISBN: 978-84-10269-72-9
Depósito legal: B-10.011-2025

Compuesto por Olga Coderch
Impreso en Huertas Industrias Gráficas, S. A.
Fuenlabrada (Madrid)

BL 69729

Para ti, para que vivas la regla de la mejor manera posible
(o para que sepas cómo funciona aunque no menstrúes)

ÍNDICE

QUIERO QUE APRENDAS Y DISFRUTES CON ESTE LIBRO

Si tienes este libro en las manos es porque quizá ya tienes la regla o algún día la vas a tener... O quizá tu cuerpo no menstruará, pero te interesa este tema. Tengas la identidad que tengas (chica, chico o **persona no binaria**) y tengas el cuerpo que tengas (femenino, masculino o **intersexual**), es importante y útil que sepas y entiendas qué cosas les pueden ocurrir a las personas que tienen o tendrán la regla y cómo la viven o la van a vivir.

UNA PERSONA NO BINARIA es una persona que no se define como chico ni chica.

UNA PERSONA INTERSEXUAL es una persona con características sexuales que no pueden etiquetarse como mayoritariamente femeninas o masculinas.

Es posible que te preguntes **qué es la regla**. La «regla» o menstruación» (puedes llamarla como a ti te guste más) **es un suceso natural por el que, a partir de la pubertad y aproximadamente una vez al mes, una persona con útero y vulva sangra;** a este proceso que se repite (incluido el tiempo que hay entre regla y regla) se lo conoce como **«ciclo menstrual»** (en realidad, es mucho más que eso, pero ya lo iremos descubriendo más adelante).

TANTO LA REGLA COMO EL CICLO MENSTRUAL FORMAN PARTE DE LA BIOLOGÍA Y LA SEXUALIDAD DE MUCHAS PERSONAS Y DEL PROCESO VITAL DE IR CRECIENDO. ADEMÁS, LA REGLA ES UN INDICADOR DE SALUD.

Sin embargo, hay un montón de cosas que debemos saber para poder conocerlos mejor. Por lo tanto, te invito a que empecemos este pequeño viaje de conocimiento.

Antes de comenzar, no obstante, quiero preguntarte algo: ya te he comentado que puedes llamarla «regla» o «menstruación», pero quizá has oído otras maneras de nombrarla. Anímate y piensa: **¿qué otros nombres conoces o de qué otras formas has oído que la llaman?** Seguro que, si preguntas a tu alrededor, los nombres de la regla cambian en función de si hablas con alguna persona mayor que tú o más joven. Preguntar estas cosas sirve de experimento para ver qué recuerda la gente.

¿CÓMO ME HAN DICHO QUE SE LLAMA LA REGLA?

1. ______________________
2. ______________________
3. ______________________
4. ______________________
5. ______________________
6. ______________________
7. ______________________
8. ______________________

En estas páginas no aprenderás solamente leyendo: la idea es que hagas que este libro sea tuyo y te sirva para **reflexionar y aprender** de manera personalizada, por lo que, de vez en cuando, encontrarás espacios para que puedas pensar y escribir sobre lo que te propongo.

Me pregunto cómo será la lista de nombres de la regla que has anotado. En mi lista, sin duda, no faltarían:

¿CÓMO ME HAN DICHO QUE SE LLAMA LA REGLA?

1. La cosa
2. La visita mensual
3. La tía Pepa

¿Te ha gustado hacer este experimento? Aquí, entre estas páginas, te propondré algunos más y te daré algunos datos importantes que te servirán para **aprender y reflexionar** sobre lo que sucede cuando a alguien (puede que a ti) le viene la regla (o la «visita mensual»).

Al final de cada capítulo, recopilaré algunas de las **dudas más habituales** sobre el tema que tratamos cada vez para que tengas una información más clara.

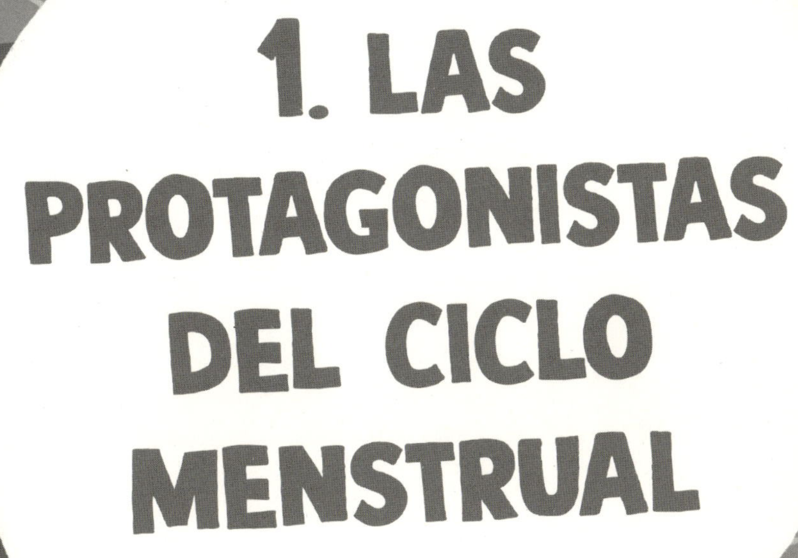

1. LAS PROTAGONISTAS DEL CICLO MENSTRUAL

Si el ciclo menstrual y lo que lo rodea fuera una historia, debería presentarte a sus protagonistas y a sus acompañantes, ¿no te parece?

¡Pues vamos a ello!

CADA PARTE TIENE SU FUNCIÓN

Es importante saber qué función tienen las estructuras u órganos protagonistas del ciclo menstrual.

Empecemos por describir los **órganos internos**, es decir, los que no se ven.

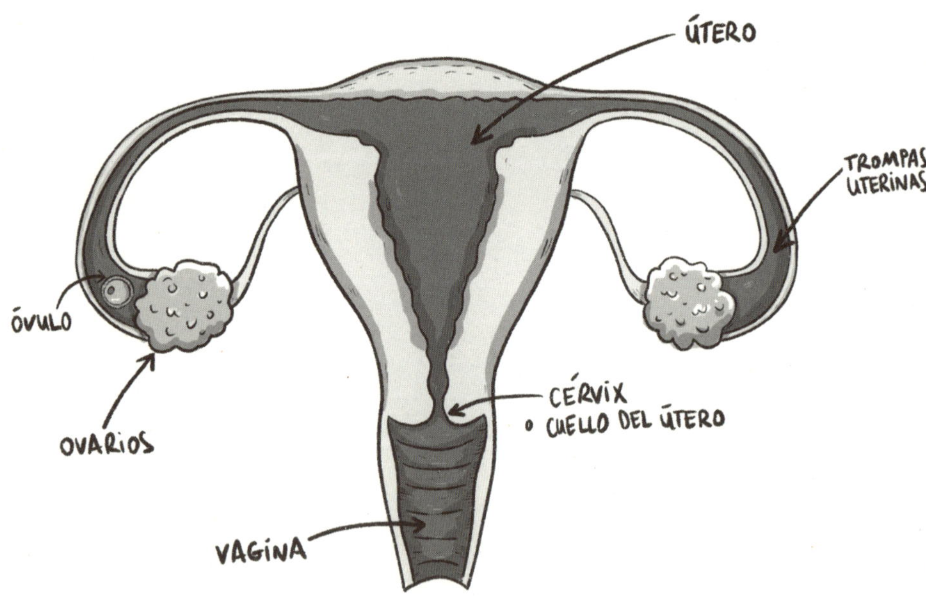

ÓVULOS

Somos las células sexuales femeninas. Cuando empezamos a madurar, comienza la regla y nuestra función es estar presentes para mezclarnos con un espermatozoide en las trombas uterinas (si lo que se quiere es que haya una fecundación y un bebé). Si no nos mezclamos con ningún espermatozoide, ¡nos fundimos y desaparecemos! Somos unas de las células más grandes del cuerpo y, a pesar de ello, somos diminutos. Cada persona con **genitales** femeninos nace con una cantidad concreta de óvulos, que se han formado mientras está en el útero de su madre.

LOS **GENITALES** ES LO QUE TENEMOS ENTRE LAS PIERNAS. POR EJEMPLO: LA VULVA CON SU CLÍTORIS, VAGINA, URETRA, ETC., O EL PENE Y LOS TESTÍCULOS.

¿SABES QUÉ?

Cuando esta persona nace, puede tener dos millones y medio de óvulos, pero al llegar a la pubertad le suelen quedar entre trescientos y cuatrocientos mil. De todos ellos, solamente llegarán a madurar unos cuatrocientos.

② OVARIOS

Nuestra función es albergar los óvulos en un espacio seguro.

ES DECIR, SOMOS LA CASA DE LOS ÓVULOS.

③ ÚTERO

Mi función es crear un espacio confortable para un bebé si hay fecundación. Si no la hay, lo que he construido para crear ese espacio confortable se convierte en el sangrado menstrual (o, lo que es lo mismo, ¡en la regla!).

④ TROMPAS UTERINAS

¡Nosotras somos las que permitimos que el óvulo llegue al útero! Somos el camino que tienen que recorrer los óvulos para ser fecundados o fundirse.

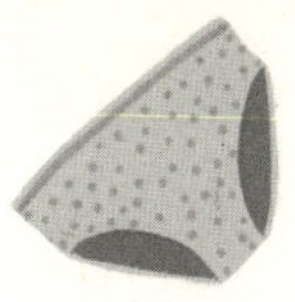

5 CUELLO DEL ÚTERO O CÉRVIX

Soy la puerta que conecta el útero con la vagina. Y soy quien permite que salga el sangrado menstrual o un bebé. Normalmente me mantengo muy cerrado para que no entre ninguna infección al útero.

6 VAGINA

Soy quien conecta el útero y el cérvix con el exterior. A través de mí sale la menstruación y el flujo vaginal, y estoy preparada para ser la última parte del camino de un bebé desde el útero al exterior.

CLÍTORIS

Mi función es dar placer. Si me tocas, ¡sentirás unas cosquillas muy agradables! Salvo el glande, casi todo mi cuerpo está en el interior, donde encuentras mis bulbos y los pilares.

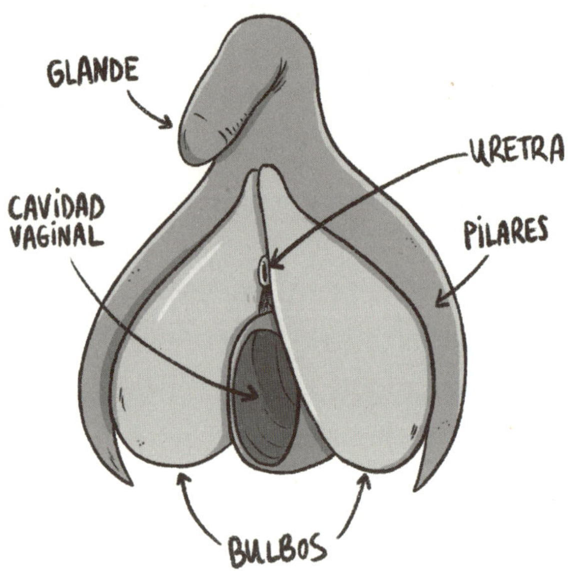

A continuación, veremos los **órganos externos** (la vulva), es decir, los que sí se ven.

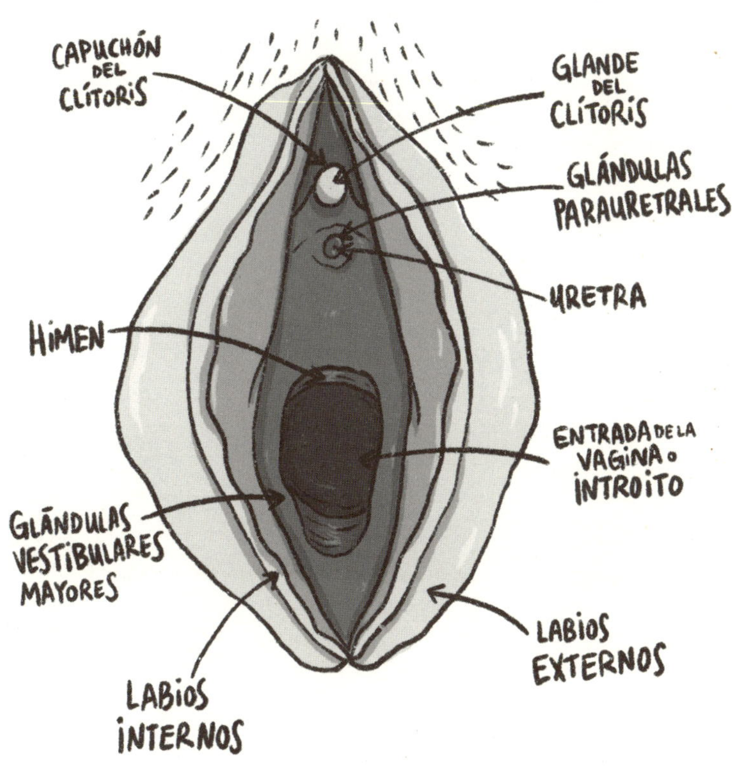

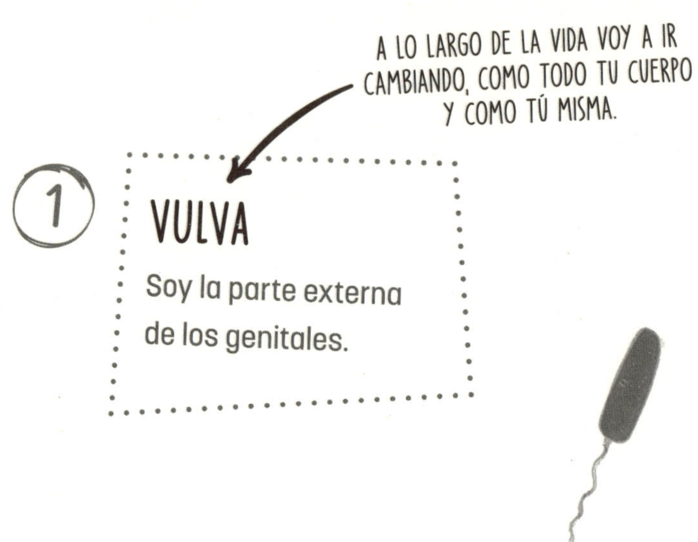

1 VULVA

Soy la parte externa de los genitales.

2 LABIOS EXTERNOS

Nuestra función es proteger la vagina y la uretra.

3 LABIOS INTERNOS

También protegemos la vagina para que no entre nada que pueda perjudicarla y, además, mantenemos la temperatura de los genitales.

INTROITO O ENTRADA DE LA VAGINA

Soy una pequeña abertura controlada por los músculos que me rodean y, cerrada, protejo la vagina evitando que entren bacterias o elementos extraños.

EL ALMACÉN DE LA ORINA.

URETRA

Yo soy el tubo que conecta la vejiga con el exterior, y mi función es transportar la orina de dentro hacia fuera.

CAPUCHÓN DEL CLÍTORIS

Cubro el glande del clítoris.

GLANDE DEL CLÍTORIS

Mi función es proporcionar placer.

8 HIMEN

Soy una membrana que rodea la entrada de la vagina y la protege.

GLÁNDULAS PARAURETRALES Y GLÁNDULAS VESTIBULARES MAYORES

Fabricamos un líquido que sirve para lubricar la vulva y la vagina.

Ya ves que parece una zona pequeña, pero hay muchas protagonistas entre las piernas. Más adelante te contaré cómo se combinan todas y en qué orden para que una persona pueda menstruar.

EXPLÓRATE PARA CONOCERTE MEJOR

Si tienes vulva, una de las cosas que puedes hacer es comprobar tus genitales y reconocer sus distintas partes. Evidentemente, solo verás la parte externa. Puedes usar un espejo de mano para mirarte.

Venga, te dejo un poco de tiempo para que lo hagas... Y, si te da vergüenza, piensa que **es muy normal querer saber cómo son las partes de nuestro cuerpo**.

La vulva, al estar un poco escondida, necesita que la miremos a propósito. Fíjate en las personas que tienen pene: les es fácil mirar sus genitales externos; en cambio, si tienes vulva, necesitas un espejo para poder mirarte y conocerte bien.

DEDICA 5 MINUTOS A MIRAR BIEN TUS GENITALES.

Me gustaría que escribieras cinco palabras que te han venido a la cabeza cuando has mirado tus genitales:

1 ______________________

2 ______________________

3 ______________________

4 ______________________

5 ______________________

A veces tenemos que aprender por nuestra cuenta a apreciar algunas partes de nuestro cuerpo, porque no nos han enseñado a mirarlas con buenos ojos. En tu caso, ¿has escrito palabras bonitas, descriptivas, emocionales...?

¿QUÉ CONTIENE LA SANGRE MENSTRUAL?

La sangre menstrual está compuesta de sangre con una mezcla de mucosidad y parte de un tejido blando que ha construido el útero para alojar a un bebé (si el cuerpo está preparado para tener uno). Este tejido recibe el nombre de **«endometrio»**.

Cuando no hay bebé, el endometrio no se necesita y sale del cuerpo con la sangre. Todo esto forma parte de un proceso natural y, aunque puede impactar que sea sangre lo que sale de la vagina, no es lo mismo un sangrado por una herida que el sangrado menstrual.

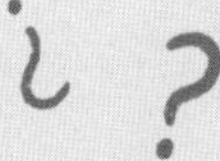

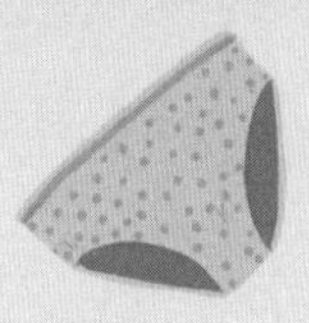

¿SOLAMENTE TIENEN LA REGLA LAS NIÑAS?

Los cuerpos que están preparados para menstruar son los cuerpos femeninos, es decir, los de las personas que anatómicamente son hembras.

> Y UNA HEMBRA ES LA QUE TIENE LOS GENITALES EXTERNOS E INTERNOS QUE HAS VISTO EN ESTE CAPÍTULO.

Imagino que sabes que no todas las personas que tienen vulva se identifican como niñas, por lo que no todas las personas que tienen la regla son niñas. También hay niños, chicos y hombres trans que pueden menstruar. Y, además, hay personas no binarias que quizá menstrúan.

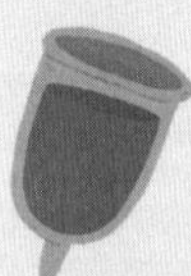

Eso significa que **una cosa es el sexo biológico** (el cuerpo que tienes tanto externo como interno) **y otra cosa es la identidad de género** (con qué género te identificas).

Existe otra situación importante que debes conocer. Hay niñas que, a pesar de tener unos genitales femeninos, no menstrúan. Generalmente es porque tienen alguna característica especial, como por ejemplo que nacen sin útero o que, por alguna enfermedad, no pueden tener la regla, pero siguen siendo niñas.

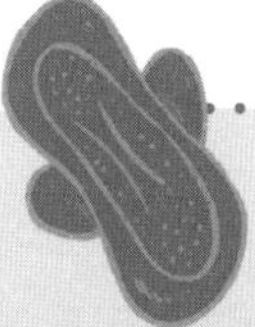

2. ¡TODO ES CÍCLICO! LAS ETAPAS DE LA VIDA

La regla y el ciclo menstrual tienen un funcionamiento muy sencillo, aunque hay procesos que son un poco complejos. Te lo quiero explicar todo de manera que lo puedas entender fácilmente. Pero, antes de hablar de ellos, hay que hablar de otro ciclo muy importante: **¡el ciclo vital!**

Vamos a contarlo paso a paso...

INFANCIA

La etapa de la vida en la que aún no se ha empezado a menstruar es la etapa no fértil, la infancia.

En esos años, el cuerpo femenino no está preparado para que la persona se quede embarazada y es imposible que esto suceda.

PUBERTAD

¡AQUÍ ESTÁS TÚ!

Hay un periodo de transición, llamado **pubertad**, que normalmente ocurre entre los nueve y los dieciséis años. **Durante esta etapa suceden muchos cambios que indican que el cuerpo se prepara para ser fértil**, como, por ejemplo, **la menarquía**, es decir, la primera regla.

MENARQUÍA

No es una fase como tal, sino el término que hace referencia al **primer sangrado**. Durante el primer año (y quizá también el segundo), después de esta primera regla, lo más habitual es que la menstruación no sea regular. Puede ser que te baje un mes, luego esté dos meses sin aparecer, que venga dos meses seguidos y luego tarde tres meses en volver, o un mes y medio... Mientras el cuerpo no encuentra su regularidad, puede variar mucho, por lo que no hay que preocuparse: es completamente normal.

¿Qué otros cambios se experimentan?

A continuación te explico los más habituales en la mayoría de los cuerpos femeninos.

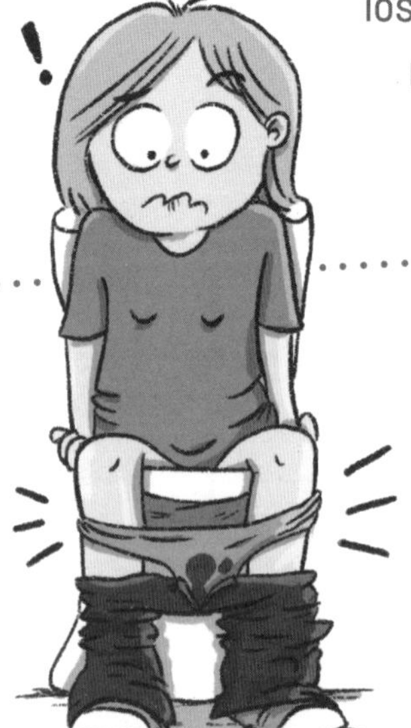

CAMBIOS FÍSICOS

Crecen los pechos y la piel alrededor del pezón se oscurece un poco. Los pechos pueden ser de muchas formas: más similares entre sí o más asimétricos, más grandes o más pequeños; el pezón puede ser más oscuro o más claro, y puede tener el tamaño de una galleta o de un guisante. Hay muchos tipos de pechos distintos y no hay nada malo en ello.

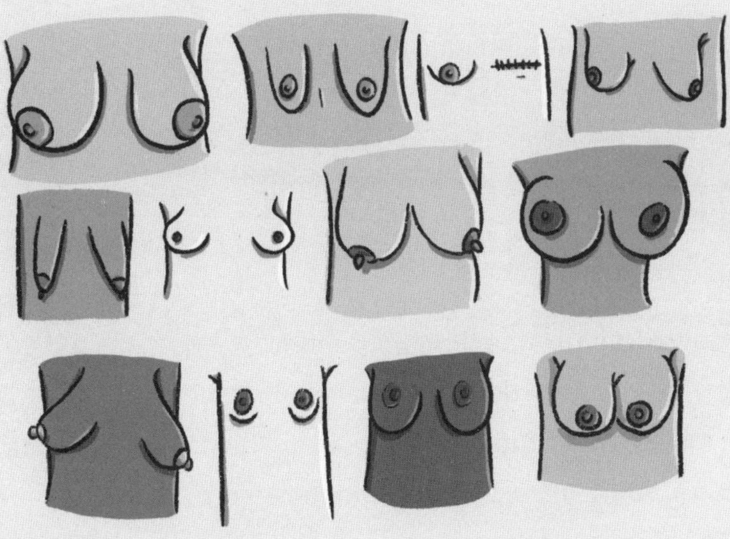

Sale vello en zonas donde no lo había, como las axilas, las piernas y el área de los genitales. En general, a las mujeres se les ha enseñado a quitarse el vello corporal de esas zonas, pero tú puedes hacer lo que te parezca mejor para ti. Si quieres, puedes hablarlo con alguien de confianza de tu familia para poder ver los pros y los contras de hacer una cosa u otra.

Se da un estirón, el cuerpo crece de repente y también se fortalecen los huesos. Cada persona crece de una determinada manera, no todas lo hacen igual. Y, se llegue a la altura que se llegue, está bien.

Cambia la forma del cuerpo, y la cintura, las caderas y los muslos se hacen más marcados. O sea, los cuerpos femeninos, en general, pueden ganar algunas curvas, aunque también hay personas que tienen las formas más rectas.

Cambian la piel y el pelo; puede que la piel se llene de granitos (acné) y el pelo esté más graso. Quizá en esta etapa no es recomendable untarse la cara con productos que sean muy agresivos, lo ideal es mantenerla limpia y, en caso de necesitarlo, consultar con una especialista de la piel si, por ejemplo, tenemos muchos granos y nos resultan incómodos o molestos.

Aparece el sudor y el olor corporal, lo que significa que es importante mantener la higiene para evitar olores fuertes. Si hasta ahora no era necesaria una ducha diaria, quizá a partir de ahora sí que lo va a ser.

ESO SÍ, TEN EN CUENTA QUE EN LA ZONA GENITAL NO ES NECESARIO USAR NINGÚN TIPO DE JABÓN, PORQUE CON AGUA TIBIA YA SE LIMPIA SUFICIENTEMENTE BIEN. AL LAVARLA CON DISTINTOS JABONES (AUNQUE SEAN JABONES ÍNTIMOS), SE ALTERA EL PH, QUE ES EL SISTEMA DE DEFENSA DE LA ZONA, Y ESTO PUEDE PROVOCAR MOLESTIAS E INFECCIONES.

Aparece el moco cervical, un líquido que produce el cuello del útero o cérvix. Este cambia según la fase del ciclo en la que estés. A veces será más líquido y transparente, como una clara de huevo (para ayudar al espermatozoide a llegar al óvulo), y otras será más espeso o pegajoso (para proteger el útero de gérmenes o bacterias).

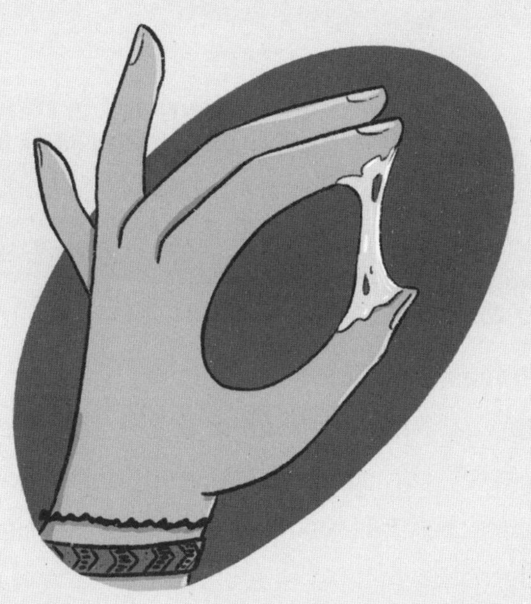

Surgen nuevas sensaciones, pues las hormonas sexuales que se segregan durante esta etapa hacen que se sienta deseo de estar con otras personas y de querer empezar ciertos contactos íntimos. (¡Alerta! Esto no significa que tengas que hacer nada o que estés obligada a ello). También se experimentan muchas más sensaciones corporales de placer, sobre todo en la zona genital. Y son sensaciones que pueden ser muy agradables, ¿verdad?

Cambia la voz; la voz infantil se pierde y va convirtiéndose en una un poco más madura. Algunas personas notan que se hace más grave.

DE TODOS MODOS, TEN EN CUENTA QUE HAY TANTOS TONOS DE VOZ COMO PERSONAS.

CUÁNTOS CAMBIOS, ¿NO?

PERO NO TE ASUSTES, QUE NO LLEGAN TODOS DE GOLPE: VAN SUCEDIENDO POCO A POCO. POR LO TANTO, PUEDES ESTAR ALERTA PARA IR DETECTANDO CADA UNO CUANDO LLEGUE.

Ten en cuenta también que durante la pubertad suelen aparecer muchas diferencias entre las personas de distintos sexos. Los cuerpos, a lo largo de la infancia, son muy parecidos entre ellos. Las piernas, el pecho, la barriga, la ausencia de pelo corporal. Quizá lo único que hace que se vean las diferencias son los genitales, ¿a que sí?

Pero no solo los cuerpos femeninos, masculinos o intersexuales se hacen diferentes entre ellos durante la pubertad. A partir de esta etapa, encontramos que hay cuerpos femeninos con más pecho y otros con menos, cuerpos con mucho pelo corporal y otros con muy poco, cuerpos con las caderas muy anchas y otros con las caderas más estrechas, personas más altas y otras más bajas, barrigas más planas o más abultadas...

Los genitales femeninos externos no se ven tanto, pero también pueden ser muy diversos a medida que se entra en la adolescencia y se llega a la edad adulta.

ES IMPORTANTE ENTENDER QUE NO HAY UN SOLO TIPO DE CUERPO VÁLIDO, ¡TODOS LOS CUERPOS SON MARAVILLOSOS!

Durante la pubertad no solamente cambia el cuerpo, también cambian otras cosas...

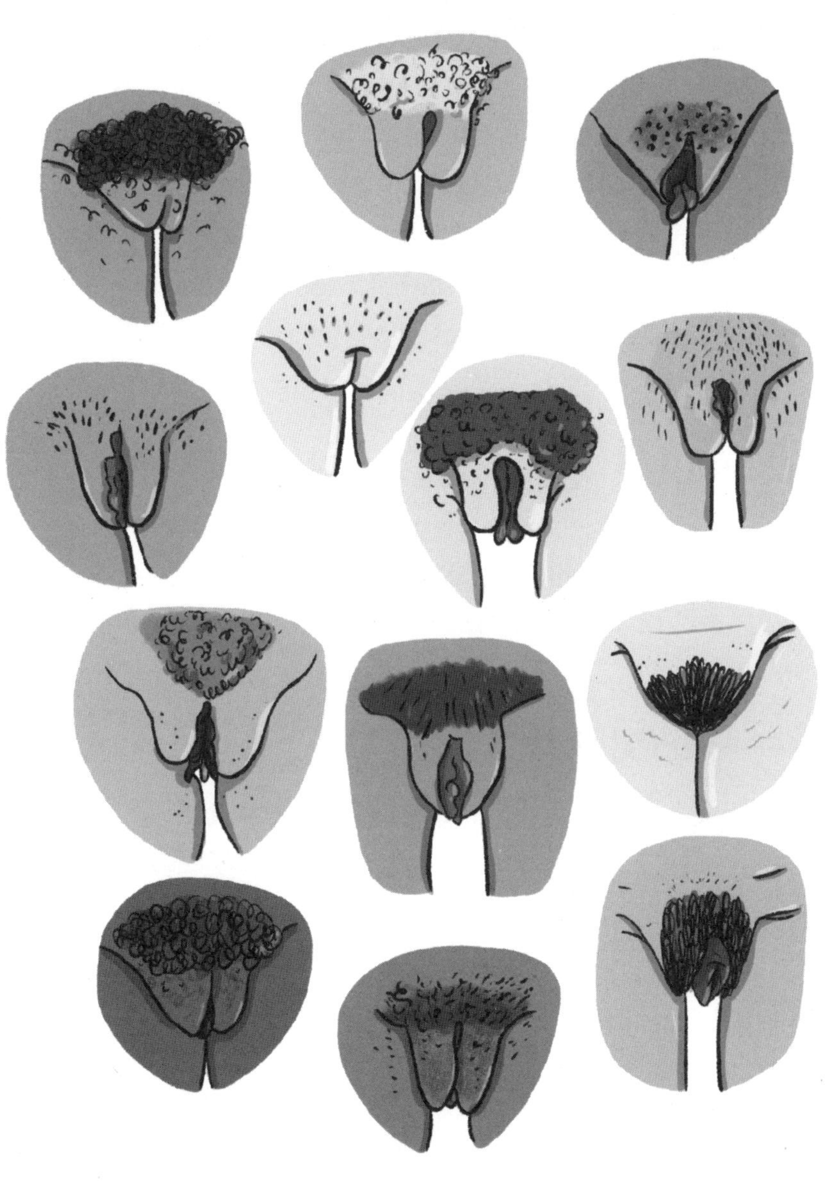

CAMBIOS MENTALES Y EMOCIONALES

Nuestro cerebro y pensamientos van madurando. En esta etapa se empieza a aprender más rápido y a pensar cosas nuevas. Esto tiene que ver con algunas **sustancias** que se segregan en mayor cantidad, lo que hace que el cerebro tenga «poderes» especiales:

La **DOPAMINA** ayuda a que empieces a tomar decisiones de manera autónoma y a aprender cosas que te sirven en el día a día.

La **OXITOCINA** hace que te importe mucho estar con tus amistades y sentir que formas parte de un grupo.

La **SEROTONINA** influye en tu estado de ánimo y en esta etapa a veces se desajusta: cuando hay más serotonina, te sientes bien y con más tranquilidad; cuando hay menos, puedes sentir más soledad o tristeza.

El cerebro se va formando lentamente para que de manera gradual te sientas más libre y responsable, y eso cada persona lo vive de manera distinta, por lo que quizá es más difícil hacer una lista completa de este tipo de cambios mentales y emocionales.

De todos modos, vamos a ver los más importantes:

NUEVAS RESPONSABILIDADES

Es normal querer asumir responsabilidades de persona mayor, ya que eso te hace sentir más libre. Tu familia y tu entorno te irán dando cada vez más deberes, a medida que vas creciendo y aprendiendo, y tú también querrás encargarte de más cosas. ¡Ah! Ten en cuenta que no siempre coincidirán las responsabilidades que tú quieras asumir con las que los demás te quieran dar. **Habrá que negociar y encontrar un equilibrio.**

NUEVAS EMOCIONES

Poco a poco empezarás a sentir emociones nuevas por primera vez y también algunas que ya conocías, pero que ahora vivirás con más fuerza. Por ejemplo, puede que de golpe sientas que te gusta mucho alguien o bien que una situación o momento difícil que hasta el momento te hacía sentir triste, ahora te entristezca mucho más que antes.

CAMBIOS DE HUMOR

Toda esa nueva emocionalidad hará que, a veces, puedas sentirte feliz y otras veces experimentes enfado o tristeza sin saber muy bien por qué. Esto es normal y ocurre porque **las hormonas** están cambiando dentro de ti. A partir de ahora, tienes que ir aprendiendo cómo funcionas tú durante esta nueva etapa.

RECUERDA QUE SON COMO MENSAJERAS DEL CUERPO.

PENSAMIENTO MÁS COMPLEJO

Conforme creces, empezarás a pensar de forma más profunda y te plantearás cosas que hasta ahora no te habías preguntado, como quién eres, qué quieres hacer en la vida o por qué la gente actúa de cierto modo en determinadas circunstancias.

NECESIDAD DE MAYOR INDEPENDENCIA

Quizá querrás hacer cosas de manera **autosuficiente**, sin pedir ayuda, y tomar más decisiones sobre tu vida, por ejemplo, cómo vestirte o con quién pasar tu tiempo libre.

RECUERDA QUE TU ENTORNO NO SIEMPRE ESTARÁ DE ACUERDO CON LAS DECISIONES QUE VAYAS TOMANDO, PERO, AUN ASÍ, ES IMPORTANTE TENER EN CUENTA EL APOYO QUE TE PUEDAN OFRECER EN CASA.

RELACIONES CON LAS AMISTADES

Conforme vas creciendo, es posible que encuentres amistades con las que tengas más afinidad y otras con las que tengas menos. Eso puede ir cambiando tu círculo de amigos.

Una de las cosas más importantes en esta etapa es **aprender a saber qué deseas tú realmente y a ser fiel a ti misma**, porque, en algunas ocasiones, si las amistades presionan, se puede acabar haciendo cosas que realmente no se desean.

INTERÉS POR LA SEXUALIDAD

También se empieza a sentir más curiosidad sobre el cuerpo y la sexualidad. Durante esta etapa, las hormonas se activan y preparan el cuerpo para, algún día, poder tener hijos. Todo esto hace que puedas experimentar placer y descubrir sensaciones de deseo y emoción contigo misma y junto a otras personas.

TODOS ESTOS CAMBIOS VAN SUCEDIÉNDOSE Y APARECEN POCO A POCO, NO LLEGAN TODOS DE GOLPE. TE LOS HE EXPLICADO AQUÍ PARA QUE PUEDAS IR DESCUBRIÉNDOLOS.

¡ES HORA DE JUGAR!

Ya hemos dicho que, a veces, los cambios empiezan de manera sutil, pero hay un día en el que nos damos cuenta de que son una realidad. Te propongo que, a medida que vayas detectando los cambios que aparecen en tu cuerpo, y también en tus intereses, preocupaciones o gustos, los vayas anotando aquí. Puedes poner una fecha al lado de cada cambio y, así, más adelante podrás ir viendo cómo han ido sucediendo a medida que crecías.

1

2

3

4
5
6
7
8
9

CAMBIOS EN MI CUERPO Y EN MI MENTE

Todos los cambios de los que hemos hablado en este capítulo marcan **el comienzo de la pubertad** y eso significa que, **cuando aparezca la primera menstruación, el cuerpo ya estará preparado para un embarazo**. PERO, ¡OJO!, eso no significa que tenga que haber un embarazo, solo que las características físicas necesarias ya están a punto. Otra cosa es que realmente una persona en la pubertad esté preparada mentalmente para tener un bebé, ¿verdad? Los bebés requieren mucho trabajo y responsabilidad.

ETAPA FÉRTIL

A partir del momento en que se empieza a tener la regla, el proceso es repetitivo y, en general, se suele estar entre treinta y cuarenta años menstruando. Eso son muchas reglas, ¿no? A este periodo se lo conoce como **periodo fértil**.

CLIMATERIO

Entre los cuarenta y cinco y los cincuenta y cinco años llega una nueva etapa de transición: el **climaterio**. A partir de aquí se empieza a experimentar la pérdida de la capacidad reproductiva y el cuerpo comienza lentamente a dejar de menstruar hasta llegar a la **menopausia**.

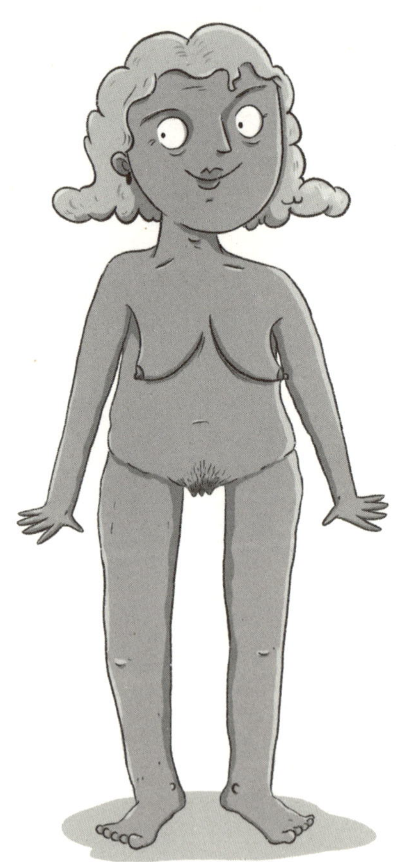

MENOPAUSIA Y MADUREZ

La **menopausia** es el nombre que damos a la última regla, y la **madurez** hace referencia a la etapa vital que se inicia en ese momento.

Con la menopausia, las cosas en el cuerpo suceden de manera un poco distinta, porque, aunque también hay una serie de cambios que indican que se acerca el momento de dejar de ser fértil (de dejar de menstruar), no podemos decir cuál es la menopausia hasta que ha pasado un año desde que sucedió.

Cuando se deja de ser fértil puede que la regla empiece a venir de forma extraña, que deje de ser tan cíclica como era. Puede ser que te baje la regla un día y hasta los tres meses no vuelva, y luego que tarde otros cuatro meses en venir... Mientras se está en esta etapa, se puede pensar que ya se ha tenido la última regla, pero, insisto, hasta que no haya transcurrido un año, no podemos asegurarlo.

¿ ?

SI ME SALE PELO, ¿TENGO QUE DEPILARME?

La depilación no es obligatoria para nadie. Todas las personas tenemos pelo en las cejas, en la zona de debajo de la nariz, la barbilla, las axilas, los genitales y las piernas. Y, a veces, incluso en la espalda, la barriga o el pecho. No obstante, socialmente se ha enseñado que las mujeres y los cuerpos femeninos debían depilarse.

Del mismo modo que hay mujeres, cuerpos femeninos o intersexuales que tienen más o menos pelo, también hay cuerpos masculinos que tienen más o menos pelo. Y, ¿te has fijado que casi siempre que se trata el tema de la depilación se habla de la depilación de las mujeres? Pues cada vez son más las mujeres que reivindican que no es necesario depilarse por pertenecer a un género o a otro.

Lo más importante es que cada cual valore si desea depilarse y que no lo haga solo por presión de la sociedad.

¿ ?

SI ME CRECE EL PECHO, ¿LO MEJOR ES PONERME SUJETADOR?

Es una elección personal. Parece que se asocia empezar a usar sujetador con el momento en que comienza a crecer el pecho, pero lo importante es que cada persona valore si se siente más cómoda o menos con o sin sostén.

A menos que sea por una cuestión postural de la espalda o que un profesional sanitario recomiende llevar sujetador, es algo cultural, por lo que cada persona debería elegir si desea ponérselo o no. Como ocurre con la depilación, tradicionalmente se ha establecido que la mujer llevara sostén. Incluso se ha llegado a decir que, si no se lleva sujetador, el pecho irá cayendo

más y más, cuando el pecho cae porque con el tiempo es natural que suceda y no por usar o no sujetador. Lo que pasa es que, según el modelo de belleza de la sociedad, el pecho tiene que estar arriba y, por eso, muchas mujeres deciden ponerse sostén.

Lo importante, como he dicho antes, es que cada persona valore lo que le es más cómodo.

¿ ?

¿POR QUÉ MANCHO LAS BRAGAS DE UN LÍQUIDO TRANSPARENTE O BLANQUECINO?

Como hemos visto antes, este líquido con el que manchas las bragas se llama **«flujo vaginal» o «moco cervical» y es completamente normal**. Tu cuerpo lo produce cuando comienza la pubertad, y significa que los cambios ya han empezado a tener lugar y que la menstruación está a punto de llegar. Sigue apareciendo cuando ya tienes la regla y nos indica en qué momento del ciclo menstrual te encuentras.

SI AÚN NO HA LLEGADO.

Puede que no te sientas cómoda con esta mancha en las bragas o si estas se quedan muy mojadas. ¿Qué puedes hacer para resolverlo? Pues llevar unas bragas de recambio en la mochila para cambiarte si deseas sentirte más cómoda.

¡ATENCIÓN!

No se recomienda utilizar una compresa fina de un solo uso porque no deja transpirar la zona genital y luego podría provocar que saliera más flujo e, incluso, mal olor. ¡Es mucho mejor cambiarte las bragas siempre que lo necesites!

¿CÓMO PUEDO SABER EXACTAMENTE CUÁNDO ME VA A VENIR LA REGLA POR PRIMERA VEZ?

No a todas las personas les llega la regla por primera vez a la misma edad. Como hemos visto, suele haber muchos cambios previos que nos indican que estamos entrando en esta etapa fértil y, por tanto, que queda poco para que nos venga la regla. **Normalmente aparece entre los nueve y los dieciséis años.**

En general, a las mujeres y personas que menstrúan de una misma familia les suele llegar a edades parecidas. Así que siempre puedes preguntar a tu madre o madres, abuela o abuelas a qué edad empezaron a menstruar para tener una idea aproximada de cuándo puede llegarte. Aunque lo más fiable es ver cómo se van sucediendo los cambios en tu cuerpo, y de esta manera podrás casi adivinar cuándo aparecerá tu regla.

POR UN TEMA GENÉTICO.

Tanto si eres de las primeras niñas de tu grupo de amigas en tener la regla como la última, no eres un bicho raro, es normal que a cada una le llegue en distintos momentos.

¿CÓMO VOY A IR DESCUBRIENDO LO QUE REALMENTE ME GUSTA?

Este es un camino largo que, posiblemente, lleve toda la vida. ¡No te asustes! Vivir implica cambios y está bien ir revisando lo que deseamos en cada etapa de nuestra vida.

Antes te decía que durante la adolescencia las amistades son muy importantes; en algunas ocasiones, nos empujan a hacer cosas que quizá no deseamos y que, a menudo, se hacen para encajar en un grupo. Es normal querer encajar, pero, mientras tanto, hay que ir aprendiendo qué cosas te apetece hacer o no e ir descubriendo así lo que deseas.

Algunas preguntas que te pueden ayudar a saber lo que deseas y que puedes plantearte en situaciones en las que no sepas muy bien qué hacer son las siguientes:

¿Esto que me proponen me parece divertido?

¿Me gustaría que me lo hicieran a mí?

¿Puede tener consecuencias negativas para mí o para alguien más?

¿Es bueno para mi salud?

¿Realmente estaré mejor si lo hago?

Estas preguntas te pueden guiar para ir tomando decisiones y aprendiendo qué quieres realmente.

¡Ah! Y te las puedes plantear durante la etapa de la pubertad y la adolescencia, pero también pueden seguir siendo útiles mucho más adelante.

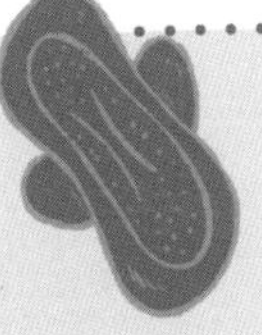

¿PENSARÉ COMO UNA PERSONA ADULTA CUANDO ME BAJE LA REGLA?

Espera, ¡no corras! Los cambios se suceden poco a poco y el pensamiento se irá volviendo más complejo, pero el cerebro no acaba de formarse hasta los dieciséis años, por lo que no pensarás como una persona adulta de golpe.

La madurez se va construyendo día a día a partir del momento en que empieza la pubertad, y se trata de un camino lento y complejo. Es un proceso que no se acaba nunca, pues las personas adultas siguen aprendiendo y mejorando su capacidad de pensar a medida que se hacen mayores. **Es importante ir paso a paso.**

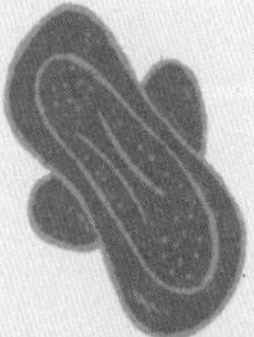

3. EL CICLO DENTRO DEL CICLO

Cuando te encuentras en la pubertad y has empezado a menstruar, a lo largo del mes a tu cuerpo le suceden diferentes cosas relacionadas con ese proceso, que, si todo va bien, se repetirán regularmente al mes siguiente. Por eso lo llamamos **«ciclo»**.

Imagina que el útero es como un jardín dentro del cuerpo. Cada mes, ese jardín se prepara por si llega una semilla (que sería el óvulo fertilizado o fecundado), que podría crecer y convertirse en un bebé. Para prepararse bien, el jardín pasa por dos fases, que se dividen a su vez en las cuatro etapas del ciclo.

FASE de PREPARACIÓN del JARDÍN

FASE FOLICULAR

FASE de ESPERA

FASE LÚTEA

LAS FASES DE LA MENSTRUACIÓN

1 FASE FOLICULAR (O FASE DE PREPARACIÓN DEL JARDÍN)

Ocurre justo después de que baje la regla, es decir, el primer día de sangrado. En esta fase, el cuerpo empieza a madurar un óvulo. A la vez, trabaja para hacer que las paredes del útero sean más suaves y nutritivas, como si estuvieras poniendo abono y agua en un jardín de modo que esté listo para recibir la semilla. En palabras técnicas, se está preparando el endometrio por si llega el óvulo fecundado.

2 FASE LÚTEA (O FASE DE ESPERA)

Una vez que el óvulo está listo, el cuerpo lo libera, ya con el jardín preparado para recibirlo. Durante este tiempo, el jardín (útero) está lleno de nutrientes (endometrio) y se mantiene preparado por si el óvulo es fertilizado, pero, si no llega ninguna semilla, el cuerpo empieza a disponerlo todo para limpiar el jardín, es decir, para eliminar el endometrio. Al final de esta fase, si no hay embarazo, el cuerpo elimina lo que había en el útero y así se inicia la regla, para volver a empezar de cero.

LAS ETAPAS DE LA MENSTRUACIÓN

1

PREOVULACIÓN (FASE FOLICULAR)

El óvulo empieza a madurar para poder empezar su viaje. ¡El cuerpo está en un momento de gran energía!

2

OVULACIÓN (FASE LÚTEA)

La energía sube un poco más y las emociones están a flor de piel. El óvulo ya madurado sale del ovario y baja por las trompas. Puede haber dos finales distintos:

A. Si ha habido fecundación, es decir, si en su recorrido el óvulo encuentra un espermatozoide que entre en su interior y va todo bien, el ciclo menstrual se interrumpe y se produce un **embarazo**. En este caso, el bebé irá creciendo y ocupando más y más espacio en el útero hasta que, al cabo de unas cuarenta semanas, llegue el momento de nacer.

B. Si no ha habido fecundación, el óvulo se desintegrará y entraremos en la siguiente etapa antes de que aparezca la **regla**.

PREMENSTRUACIÓN (FASE LÚTEA)

El óvulo que no ha sido fecundado se derrite y el endometrio empieza a soltarse para salir en forma de menstruación. El cuerpo, en este momento, está un poco menos enérgico.

MENSTRUACIÓN (FASE FOLICULAR)

El endometrio sale al exterior desde el útero y pasando por la vagina hasta la parte externa de los genitales, la vulva. O sea, viene la regla. Es el momento ideal para bajar el ritmo y descansar. El día que empieza la regla es el que llamamos «día 1 del ciclo menstrual».

Cuando hay un embarazo, **durante los meses en los que el bebé crece en el útero no se tiene la menstruación** (hay alguna situación superexcepcional en la que la mujer ha seguido sangrando, pero en ese caso es importante consultar con la ginecóloga). Después del nacimiento del bebé se suele estar algunos meses más sin la regla hasta que, en algún momento, el ciclo menstrual se vuelve a activar.

¿SI TENGO SEXO CON LA REGLA, ME PUEDO QUEDAR EMBARAZADA?

¡Alerta! Siempre que una persona con capacidad de gestar tiene sexo hay riesgo de embarazo. Es cierto que hay excepciones y no todas las veces es igual de probable, pero, como esta posibilidad nunca desaparece del todo, ¡es importante que te protejas!

El momento habitual en el que una persona puede quedarse embarazada es justo durante la ovulación. Pese a que la ovulación suele ser hacia la mitad del ciclo, el embarazo es posible en cualquiera de las etapas del ciclo menstrual. Con el tiempo y la experiencia, se puede desarrollar un conocimiento exhaustivo del cuerpo y de los propios ciclos. Aun así, como es imposible tener la certeza de esto, para poder prevenir un embarazo que no se esté buscando, lo mejor es utilizar siempre protección anticonceptiva.

¡EL PRESERVATIVO EXTERNO (PARA PENES) O EL INTERNO (PARA VAGINAS) SON UNA BUENA PROPUESTA!

¿CUANDO TENGA LA REGLA ESTARÉ MÁS ANTIPÁTICA?

A menudo escuchamos comentarios desagradables sobre la regla. Por ejemplo, muchas chicas y personas que menstrúan, cuando responden de manera poco simpática algo que les han preguntado, suelen recibir comentarios tipo: «¡Seguro que estás con la regla».

En realidad, lo que sucede es que, durante el ciclo menstrual, hay distintas fases que hacen que emocionalmente se pueda estar más tranquila y en algún momento más triste o rabiosa.

Pronto verás qué cosas se pueden hacer para adaptarse a los distintos estados emocionales que acompañan el ciclo menstrual.

PERO ESO NO JUSTIFICA LOS COMENTARIOS DESPECTIVOS COMO «¡QUÉ BORDE! ¡SEGURO QUE ESTÁS CON LA REGLA!».

¿ ?

SI YA ME HE QUEDADO EMBARAZADA, ¿ME PUEDO QUEDAR EMBARAZADA DE NUEVO?

Normalmente, durante el embarazo, el cuerpo de la mujer o de la persona con capacidad de gestar libera hormonas que impiden una nueva ovulación y, por tanto, no hay posibilidad de una nueva fecundación.

Pero, atención, existe un fenómeno muy raro (por lo tanto, es poco habitual) que recibe el nombre de **«superfetación»**. Cuando ocurre la superfetación, se ovula de nuevo y un segundo óvulo puede ser fecundado e implantarse en el útero. Esto da lugar a la presencia de dos fetos en diferentes etapas de desarrollo. Es algo poco frecuente en humanos, pero biológicamente posible.

Hay que tener en cuenta que, en condiciones normales, el cuerpo está diseñado para evitar que ocurra. En la mayoría de los casos en los que ha habido una superfetación, se estaba llevando a cabo un tratamiento de fertilidad.

ES DECIR, CUANDO UNA PERSONA HA NECESITADO A UN PROFESIONAL MÉDICO PARA PODER QUEDARSE EMBARAZADA.

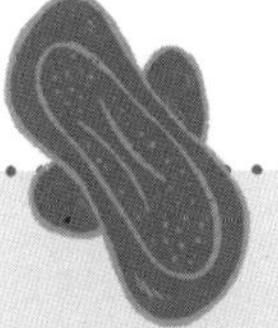

¿ ?

¿CUÁNTOS DÍAS DURA LA REGLA?

Muchas veces queremos saber con exactitud lo que sucederá, pero, como ya hemos visto, **la regla no es igual para todas las personas. En general el sangrado menstrual puede durar entre tres y siete días**. Y no todos los días se sangra del mismo modo. Puede haber días en los que haya un sangrado más abundante y otros en los que apenas se sangre.

Eso sí, cada persona suele tener reglas parecidas, es decir, si una persona tiene una regla que le dura cuatro días, cada ciclo será parecido y tendrá sangrados menstruales entre tres y cinco días. O, si otra persona tiene tendencia a que su regla dure una semana, le ocurrirá así en cada ciclo.

También puede haber personas que un mes tengan una regla de tres días y al mes siguiente de ocho días, y que no sean nada regulares en ese aspecto.

DESDE EL MOMENTO EN QUE SE EMPIEZA A MENSTRUAR, PUEDE SER INTERESANTE VISITAR A UNA GINECÓLOGA PARA RESOLVER DUDAS Y COMPROBAR QUE TODO FUNCIONA CORRECTAMENTE.

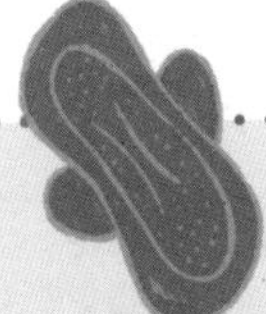

¿LA MENSTRUACIÓN ES DOLOROSA?

Siempre se ha dicho que la regla es dolorosa. Lo que en realidad sucede es que puede ser molesta, pues el útero (el jardín) se contrae para expulsar el endometrio (los nutrientes). ¿Recuerdas?

Si notas cierta molestia, algunos de los siguientes consejos te pueden ser útiles:

- **Relajarte.** Hacer cosas tranquilas, bajar el ritmo o practicar un poco de meditación, cerrar los ojos y centrarte en tu respiración con música suave de fondo… ¿Te gusta la idea?
- **Poner calor en la zona del bajo vientre.** ¿Conoces las bolsas de agua caliente? Pues van fenomenal cuando se sienten molestias por las contracciones provocadas por la regla.
- **¡Moverte!** Puedes bailar o hacer círculos con la cadera, por ejemplo (y, si es con música, ¡mejor!).

- También es recomendable menstruar dando el máximo de **libertad a la vagina**; por lo tanto, quizá te irá mejor usar compresas en lugar de tampón o copa durante los días en que puedas sentir molestias (más adelante te explico los métodos de recogida del sangrado).
- ¡Ah! ¿Y sabes lo que también va muy bien para calmar las molestias de las contracciones uterinas? **Las sensaciones de placer**, por lo que, si nos apetece, podemos acariciarnos el cuerpo y, en concreto, la zona genital, y empezaremos a generar oxitocina, que nos ayuda a calmar la molestia y va estupendamente.

Espero que, si los necesitas, te sirvan estos trucos.

¿LO RECUERDAS? LA OXITOCINA HACE QUE TE IMPORTE MUCHO ESTAR CON TUS AMISTADES Y SENTIR QUE FORMAS PARTE DE UN GRUPO.

¡IMPORTANTE!

CUANDO UNA PERSONA ESTÁ MENSTRUANDO
NO DEBERÍA SENTIR DOLOR.

Hay que tener en cuenta que el ciclo menstrual es un proceso fisiológico y natural. Si en algún momento causa un dolor importante, se debe acudir a una ginecóloga para que pueda hacer una exploración y valorar que todo está correcto.

Algunas situaciones especiales y enfermedades sí que pueden causar dolor y deben ser detectadas para saber qué hacer y reducir el dolor o, al menos, diagnosticar bien lo que está sucediendo. Quizá te pueden sonar la endometriosis, los miomas uterinos o los ovarios poliquísticos.

EN ESTE ÚLTIMO CASO, POR EJEMPLO, HAY MÁS SÍNTOMAS APARTE DEL DOLOR QUE PUEDEN HACER QUE SALTEN LAS ALARMAS, COMO TENER REGLAS MUY IRREGULARES.

Es igual de importante, además, que te sientas escuchada por la ginecóloga a la que acudas. **No te conformes nunca con alguien que te diga que el dolor es normal** o con alguien que, sin hacerte pruebas o escucharte con atención, decida simplemente darte pastillas anticonceptivas.

Sé que puede parecer extraño, pero las enfermedades asociadas a la regla se han investigado muy poco a lo largo de la historia y está demostrado que muchos médicos tienden a quitar importancia al dolor de las mujeres. Por suerte, es algo que estamos logrando cambiar poco a poco, pero todavía hoy muchos profesionales sanitarios no se toman en serio este tipo de problemas. **¡No temas hacerte escuchar!** Y, si aun así no te escuchan, lo mejor es acudir a una ginecóloga diferente.

ME HAN DICHO QUE CON LA REGLA SE TIENEN MÁS GANAS DE IR AL BAÑO, ¿ES CIERTO?

Durante la menstruación, sucede una cosa de la que se habla poco. ¿Sabes por qué? **Porque tiene que ver con ir al baño a hacer caca.** Y a muchas personas les da vergüenza hablar de este tema. ¡Aquí te lo cuento con toda la naturalidad que pueda!

Sucede a menudo que, cuando aparece el sangrado menstrual, también se tienen más ganas de ir al baño y parece que incluso es más sencillo hacer caca de lo que puede ser de manera habitual. Eso tiene relación con una sustancia que se llama «prostaglandina». Durante la regla suele haber más concentración de esta sustancia y eso hace que aumenten las contracciones intestinales y que se tenga que ir al baño más a menudo.

No le pasa a todo el mundo, pero es bastante frecuente. También puede suceder que después de la ovulación cueste un poco más ir al baño, pero con una alimentación equilibrada y saludable no debería haber estreñimiento.

¿LO VES? EL CUERPO ESTÁ CONECTADO DE MUCHAS MANERAS. ¡LA REGLA Y LOS MOVIMIENTOS INTESTINALES TAMBIÉN TIENEN SU CONEXIÓN!

¿LAS MUJERES SIEMPRE MENSTRÚAN?

No, hay mujeres que, por diversos motivos, quizá no empiezan a menstruar o bien dejan de menstruar durante un tiempo. Esto se debe a algún problema de salud, me refiero a salud física y también a salud mental. Si se padecen algunas enfermedades o se pasa por golpes emocionales muy duros, la regla puede retirarse.

Y hay un momento en que se deja de menstruar para siempre, ¿recuerdas? Cuando llega la menopausia.

También hay mujeres trans o intersexuales que no menstrúan porque sus características sexuales o sus genitales no permiten hacerlo. Es decir, no tienen útero ni ovarios ni óvulos. O puede pasar que, a causa de alguna enfermedad, deba practicarse una histerectomía.

UNA **HISTERECTOMÍA** ES UNA INTERVENCIÓN EN LA QUE SE EXTIRPAN EL ÚTERO Y EL CÉRVIX (A VECES, TAMBIÉN LAS TROMPAS Y LOS OVARIOS), Y ENTONCES YA SE NO MENSTRÚA MÁS (Y TAMPOCO ES POSIBLE UN EMBARAZO).

¿POR QUÉ DICEN QUE HAY QUE DUCHARSE MÁS CUANDO VIENE LA REGLA?

Es una de esas invenciones que aparecen de vez en cuando. Hay quien ha querido vincular la regla con algo sucio, pero, en realidad, es algo muy natural, por lo que no hace falta ducharse más. **¡Tampoco menos!** Cuando alguien está menstruando, lo que necesita es mantener la higiene habitual que ya suele tener cada día.

La regla no es algo que huela mal o sea sucio. Es sangre. Y, mientras encontremos el método que nos sea más cómodo para poder recogerla, no hará falta tomar ninguna medida especial.

COMPRESAS, COPAS, TAMPONES, ETC., TE LO CUENTO MÁS ADELANTE.

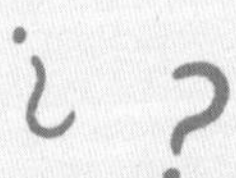

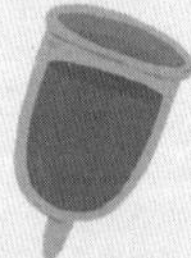

El material con el que están hechos una compresa de un solo uso o un tampón hace que la sangre se oxide y es entonces cuando desprende olor. Pero la sangre en sí no huele mal.

Durante un tiempo, incluso se llegó a decir que una persona que tenía la regla no podía ni ducharse ni salir de casa. Qué absurdo, ¿verdad? Hoy en día sabemos que debemos mantener los hábitos higiénicos habituales.

¿?

MITOS CURIOSOS SOBRE LA REGLA

Si leer algo como que durante la regla una persona no se podía ni duchar ni salir de casa te ha sorprendido, agárrate fuerte: aquí tienes una colección de mitos e invenciones que circulaban y hacían que se viviera la menstruación con incomodidad e, incluso, con rechazo. Decían que con la regla no debías hacer nada de esto porque podría perjudicarte o bien no estaba bien visto:

- No debes hacer mayonesa porque se corta.
- No debes teñirte el pelo.
- No debes bañarte en la piscina ni en la playa.
- No debes tener relaciones sexuales.
- No debes hacer deporte.
- No debes beber bebidas frías ni comer helado.
- No debes tocar las plantas porque se mueren.
- No debes hacerte la permanente.

No sé si tú conoces alguna de esas mentiras que históricamente se contaban sobre la regla. Tal vez puedes preguntar a las mujeres y las personas que menstrúan o que han menstruado en tu familia. A pesar de que ahora todos esos mitos nos hacen reír bastante, en su momento hicieron que muchas mujeres dejaran de hacer muchas cosas solamente porque tenían la regla.

INJUSTO, ¿VERDAD?

Quizá haya algunos momentos durante los días de la regla en los que una persona necesite relajarse y descansar mejor, sobre todo si siente molestias, pero tanto como para no poder hacer todas esas cosas... **¡Era una exageración muy grande!**

4. CÓMO CUIDARME SI TENGO LA REGLA

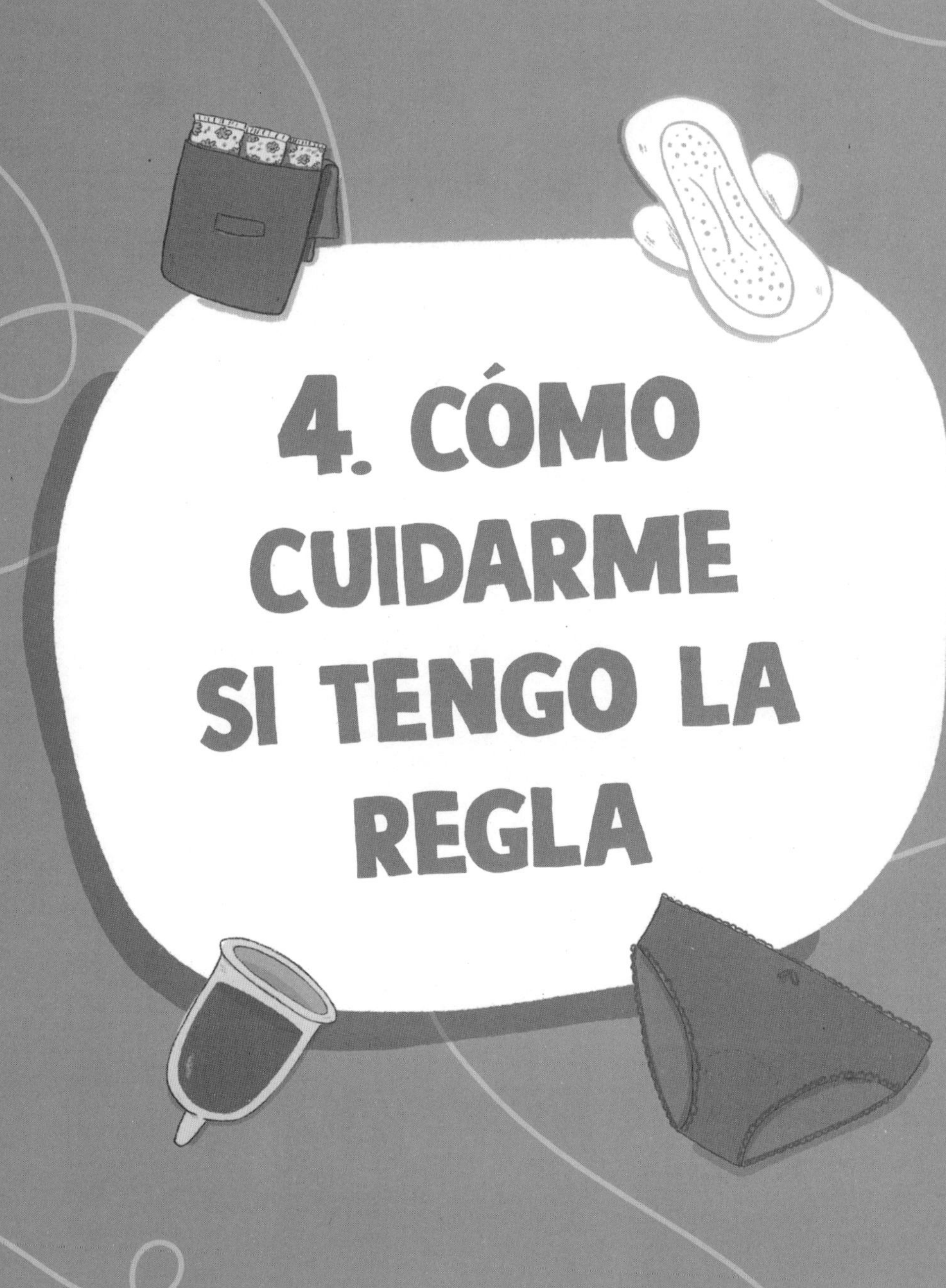

Conocer el propio cuerpo y saber en qué momento del ciclo menstrual se está es importante para ver qué se necesita en cada momento.

Lo primero que se suele proponer cuando se empieza a tener la regla es marcar el día en que te baja en una agenda o un calendario. Así podrás ir observando cada cuántos días suele venir y si lo hace de manera regular o no.

ES DECIR, PODRÁS IR DESCUBRIENDO CÓMO SON TUS CICLOS MENSTRUALES.

El primer año de regla, o incluso los dos primeros, suele ser poco regular, por lo que no te asustes si no viene cada mes y no puedes marcarlo en la agenda o el calendario; aun así, hacerlo te servirá para mirar atrás y ver cómo ha ido cambiando tu ciclo.

Recuerda que tenemos cuatro etapas distintas dentro de dos grandes fases (que son la lútea y la folicular):

- MENSTRUACIÓN
- PREOVULACIÓN
- OVULACIÓN
- PREMENSTRUACIÓN

En cada una de estas etapas las necesidades de la persona que está pasando por ellas pueden cambiar, y **lo importante es que cada una vea lo que necesita en cada etapa**. Pero, en general, hay necesidades comunes. En caso de que tú tengas la regla, puedes ver si te encajan o no. Vamos a verlas.

LOS CUIDADOS Y AUTOCUIDADOS DE CADA ETAPA

El mundo adulto va muy deprisa y, a veces, esas prisas se contagian al mundo de la infancia y la adolescencia. Para poder vivir un poco mejor todo lo que sucede durante el ciclo menstrual, quizá debamos frenar un poco y prestar atención a lo que se necesita en cada momento.

En general, el cuerpo y el estado de ánimo pueden variar mucho durante el ciclo menstrual. Y a esto también tenemos que sumarle las cosas «extras» físicas y emocionales que pasan en nuestras vidas. Yo no conozco tu situación personal ni cómo influye en tu ciclo menstrual (en el caso de que tú, quien estás leyendo este libro, tengas o puedas tener la regla), pero sí sé que hay una serie de generalidades físicas y emocionales que suelen suceder en cada etapa.

Por así decirlo, cada etapa tiene un *mood* distinto. En algunas se necesitará más tranquilidad y recogimiento, mientras que hay otras que implican más movimiento y apertura.

Vamos a por las etapas más activas:

PREOVULACIÓN

Es un buen **momento energético y productivo**. La mente está preparada para concentrarse y enfocarse en aquello más práctico, por ejemplo, **estudiar y aprender**. También para poder llevar a cabo muchas de las ideas que has tenido en etapas más creativas del ciclo. A nivel corporal, todo se está preparando para la etapa más fértil, y eso implica que se puede experimentar más seguridad con el propio cuerpo, sentirse más ligera y estar más despierta para poder sentir deseo hacia otras personas y hacia una misma.

OVULACIÓN

Todo lo que sucede en la etapa anterior se potencia más, por lo que **la energía está más desbordante que nunca: puedes sentirte más ágil con el ejercicio físico**, por ejemplo, y también más **abierta emocionalmente**. En el cuerpo hay algún cambio: empiezan a notarse sensaciones internas, ya que el óvulo sale de los ovarios en esta etapa y es normal tener alguna sensación o molestia que nos permita notar el movimiento ovárico. La sexualidad se centra un poco más en otras personas, ya que, a nivel biológico, es el momento fértil del ciclo.

Precisamente porque se está en el punto álgido de energía, en los días posteriores a la ovulación esta irá decayendo. Por lo tanto, llegan las etapas que necesitan un poco más de calma.

PREMENSTRUACIÓN

La energía va disminuyendo y empieza esta etapa de cierre en una misma. Puede aparecer inseguridad en las propias capacidades y que la persona se centre más en las cosas negativas. **A nivel mental, es difícil concentrarse**, puede costar estudiar y leer. A nivel emocional, se está a flor de piel y puede que un poco más irascible y triste. Esta etapa del ciclo menstrual es el momento en el que se suele tener menos deseo sexual.

MENSTRUACIÓN

Es la etapa en la **que se necesita un poco más de conexión con una misma y bajar un poco el ritmo para descansar**, porque el nivel de energía suele ser bajito. Es la etapa en la que más conviene **comer de forma saludable, pues a lo mejor notas más hinchazón general y sobre todo en la zona del vientre**. Pueden aparecer las molestias de la regla. A pesar de ello, es un gran momento para pensar, crear e imaginar, aunque tal vez la concentración para el estudio y la lectura aún cueste. Puede ser una etapa también de más soledad, de no querer estar con mucha gente. Quizá por ello apetece vivir la sexualidad de una forma más íntima.

RECUERDA QUE LAS SENSACIONES DE PLACER CORPORAL PUEDEN DISMINUIR LAS MOLESTIAS MENSTRUALES.

Este es el funcionamiento general, pero cada persona tiene que ver cómo funcionan su mente, su cuerpo y su sexualidad en las distintas fases del ciclo.

Estar alerta durante algunas semanas puede ser genial para ir conociéndote mejor. Si te apetece, en las siguientes páginas tienes espacio para apuntar lo que sientes tú en cada una de las etapas.

PREOVULACIÓN:

OVULACIÓN:

PREMENSTRUACIÓN:

MENSTRUACIÓN:

MÉTODOS DE RECOGIDA DE LA REGLA

Para recoger el sangrado menstrual, existen varias opciones que se adaptan a las necesidades de cada persona. Si menstrúas es importante que los conozcas. Y, si no menstrúas, también es importante saber que existen porque... **¡la información es poder!**

Aquí te explico uno a uno cuáles son los métodos más conocidos. Ten en cuenta que cada uno tiene sus ventajas y desventajas, y cada persona tiene que ver cuál le encaja mejor. Existen los métodos de un solo uso, métodos que se pueden reutilizar y, también, una opción que no necesita ningún producto. Vamos a verlos.

OPCIÓN SIN PRODUCTOS

COMPRESAS Y SALVASLIPS DESECHABLES

Son absorbentes que se adhieren a las bragas para recoger el flujo menstrual. Son **fáciles de usar y muy accesibles**, ya que puedes comprarlos en cualquier tienda. Sin embargo, al ser productos desechables, generan más residuos, lo que los hace menos ecológicos.

Además, a largo plazo **resultan más costosos porque hay que comprarlos de nuevo cada mes**. Otro aspecto a tener en cuenta es que, al no permitir que la sangre se airee, esta puede oxidarse y producir un olor fuerte. También pueden causar irritaciones en la piel y la zona íntima, especialmente si no se cambian con frecuencia o si la piel es sensible.

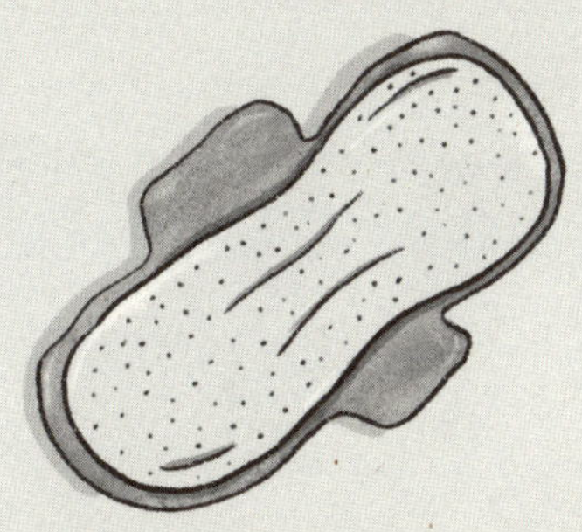

TAMPONES

Son elementos absorbentes y cilíndricos que se introducen en la vagina para absorber el flujo directamente. Son **prácticos y discretos**, pero requieren una cierta práctica para aprender a colocarlos correctamente. Igual que las compresas desechables, son de un solo uso, así que **generan residuos y resultan más costosos a largo plazo**. También pueden producir olor, ya que la sangre se oxida en su interior.

Es importante destacar que los tampones pueden alterar la flora vaginal y, en casos extremos, provocar una afección llamada «síndrome de choque tóxico» si se utilizan más de ocho horas seguidas, por lo que es fundamental tener en cuenta las indicaciones de uso.

MÉTODOS REUTILIZABLES

COMPRESAS Y SALVASLIPS DE TELA

Funcionan igual que las compresas desechables, pero están hechas de tela y pueden lavarse para reutilizarse. Son una **alternativa ecológica y económica** porque se pueden usar muchas veces. Requieren un poco más de tiempo porque necesitan más cuidados, ya que es necesario lavarlas después de cada uso. Pero, una vez les pillas el truco, **¡son muy prácticas!**

BRAGAS MENSTRUALES

Son prendas de ropa interior diseñadas para la absorción del flujo menstrual. Son **cómodas y prácticas**, pues no necesitas preocuparte por poner o quitar ningún otro producto. Al igual que las compresas de tela, son reutilizables y, por lo tanto, ecológicas y económicas. La única desventaja es que, cuando necesitas cambiarlas, debes quitarte la ropa exterior, lo que puede resultar incómodo si estás en un lugar público. También **se deben lavar después de cada uso**.

COPA O DISCO MENSTRUAL

Es un dispositivo de silicona que se introduce en la vagina para recoger el flujo menstrual.

Una vez que el disco o la copa menstrual se llena, se saca con cuidado, se vacía, se lava y se vuelve a colocar.

¡SOBRE TODO, TIENES QUE ASEGURARTE DE QUE SEAN DE SILICONA MÉDICA!

Son una **alternativa muy ecológica y económica**, ya que una sola copa o disco puede durar varios años. Además, permiten conocer mejor la menstruación, ya que la sangre no se oxida y así se puede observar su color, textura y olor reales.

La principal desventaja es que **se requiere cierta práctica** para aprender a colocarlos bien, por lo que puede llevar un tiempo acostumbrarse a ellos.

En el caso de la copa menstrual, es muy importante aprender a retirarla correctamente porque, mientras está en el interior, hace vacío y, si tiramos de ella sin extraer el aire de dentro, estaremos tirando de la musculatura hacia abajo y eso no es saludable. Pero ¡aprender a sacarla bien es muy fácil!

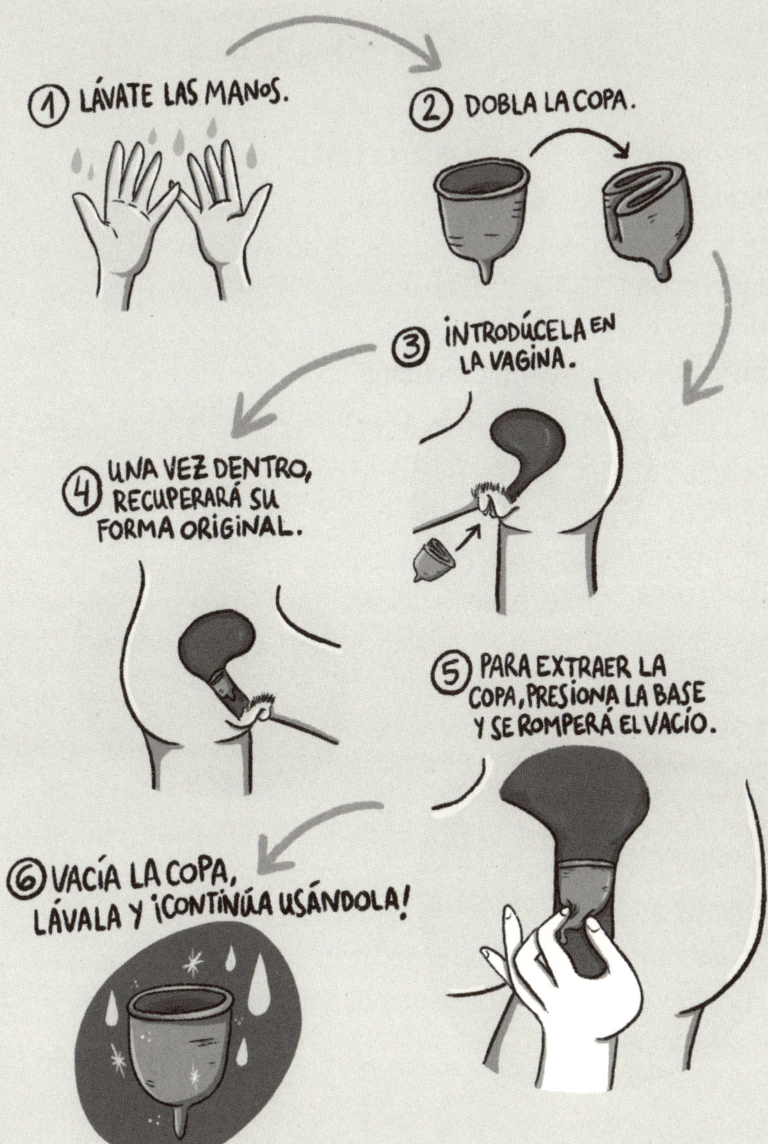
1 LÁVATE LAS MANOS.
2 DOBLA LA COPA.
3 INTRODÚCELA EN LA VAGINA.
4 UNA VEZ DENTRO, RECUPERARÁ SU FORMA ORIGINAL.
5 PARA EXTRAER LA COPA, PRESIONA LA BASE Y SE ROMPERÁ EL VACÍO.
6 VACÍA LA COPA, LÁVALA Y ¡CONTINÚA USÁNDOLA!

OPCIÓN SIN PRODUCTOS

SANGRADO LIBRE

Es una práctica en la que la persona aprende a controlar el momento en que libera el flujo menstrual. Esto se logra través de una conexión profunda con el propio cuerpo, y aprendiendo a relajar y contraer los músculos del suelo pélvico y el cuello del útero.

Es el método más ecológico y económico, ya que no requiere ningún producto adicional y permite una comprensión completa del propio ciclo. Sin embargo, **requiere mucha práctica y atención**, por lo que puede no ser apropiado en todas las situaciones, especialmente si se realizan actividades físicas intensas o si se tiene un flujo muy abundante.

ES PARECIDO A CUANDO CONTROLAMOS EL PIS Y VAMOS AL BAÑO A ORINAR ALLÍ.

Para poder hacerlo hay que conocer bien el cuerpo y tener mucha conciencia de las sensaciones menstruales para detectar cuándo va a bajar una cantidad de sangre menstrual. En ese momento, contraemos el cuello del útero y podemos ir a un baño a relajarlo para vaciar la sangre menstrual en el inodoro, como hacemos cuando orinamos o defecamos.

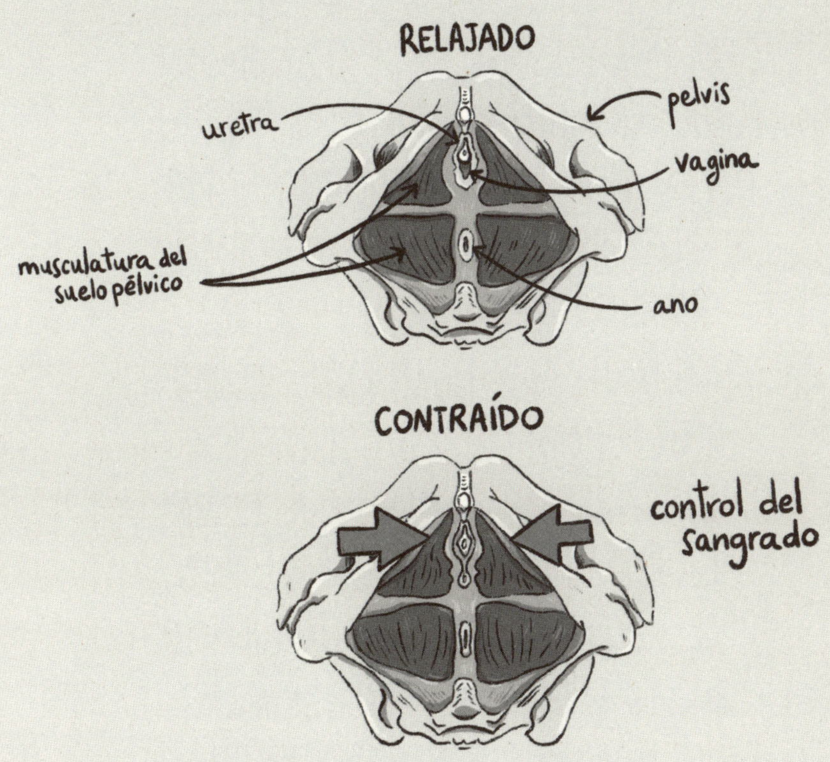
RELAJADO
uretra
pelvis
vagina
musculatura del
suelo pélvico
ano
CONTRAÍDO
control del
sangrado

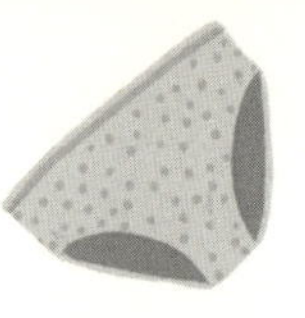

TODOS LOS MÉTODOS TIENEN SUS VENTAJAS Y SUS DESVENTAJAS. ADEMÁS, LO QUE PARA UNA PERSONA PUEDE SER CÓMODO PUEDE SER MOLESTO PARA OTRA. POR LO QUE, SI TIENES QUE ELEGIR UN MÉTODO DE RECOGIDA DE TU REGLA, **ES NORMAL QUE DURANTE UN TIEMPO PRUEBES UNOS U OTROS Y, FINALMENTE, VIENDO CÓMO FUNCIONAN Y SUS VENTAJAS E INCONVENIENTES, ELIJAS EL QUE TE VA MEJOR.** TEN EN CUENTA QUE SIEMPRE PUEDES IR ALTERNÁNDOLOS: POR EJEMPLO, PUEDES USAR COPA Y COMPRESA EN FUNCIÓN DE LO QUE NECESITES EN CADA MOMENTO.

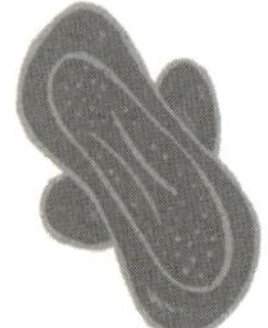

DUDAS HABITUALES

SI VOY A LA PISCINA, A LA PLAYA O AL RÍO, ¿QUÉ MÉTODO ES EL MEJOR?

En general, en estos casos los métodos como la copa, el disco o el tampón son los más adecuados porque, al estar en el interior de la vagina, no permiten que la sangre salga al exterior.

De todos modos, quienes están trabajando para hacer productos más ecológicos y reutilizables han ideado los bañadores y biquinis menstruales, que se pueden meter en el agua y no se estropean ni se hinchan como sucede con una compresa o salvaslip de un solo uso.

¿QUÉ HAGO SI ME VIENE LA REGLA Y NO TENGO UNA COMPRESA?

A algunas personas esto les puede dar un poco de vergüenza porque durante un tiempo se había evitado hablar con naturalidad de la regla, pero menstruar es algo muy natural. O sea que, si en algún momento aparece la regla y no se tiene una compresa u otro método de recogida, lo que podemos hacer es preguntar a alguien de confianza si tiene uno y nos lo puede prestar.

Por ejemplo, en la escuela o el instituto suelen tener botiquines en los que hay compresas para el caso de que a alguna persona le venga la regla y la pille desprevenida. En casa podemos preguntar a las madres, padres, hermanes, primas o a quien sepa si en algún rincón del baño hay algún producto que se pueda usar. En otros espacios: lo mismo. Se puede preguntar a alguien que tengamos cerca si tiene alguna compresa o tampón para que lo pueda utilizar quien lo necesite.

Así de fácil.

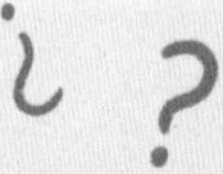

AVISO

Si la regla ha pillado desprevenida a alguna y ha manchado la silla, ¡que no cunda el pánico!

- Si te ha pasado a ti, no pasa nada: se puede limpiar la silla e ir a buscar una compresa y, en caso de necesitarlo, ir a buscar ropa de recambio.
- Si le ha pasado a una persona de tu alrededor, por ejemplo, a una compañera de clase: no hay que reírse, pues una situación que es natural no debe provocar risas. Lo que se puede hacer es echarle una mano.

¿COMPRESA, COPA O TAMPÓN? ¿CUÁL ELIJO?

Según mi opinión, hay diversas cosas que tener en cuenta a la hora de elegir el método o métodos que vas a usar; puede ser importante considerar al menos estas tres:

1. ¿Qué método se adapta mejor a tu estilo de vida?

   Por ejemplo, si haces deporte o actividades de movimiento, un método que puedas llevar durante más tiempo te irá mejor: la copa o el disco menstrual. En los días en los que estás con más tranquilidad, en casa o en clase, quizá una compresa o unas bragas menstruales pueden ser una muy buena opción. Si estás en un sitio cómodo y de confianza, por ejemplo, en tu casa, y te apetece probar el sangrado libre, puedes empezar a experimentar, porque sabes que tienes un baño cerca y puedes ir cuando quieras. Y, si manchas un poco, no pasa nada: estás en casa.

2. ¿Qué método tiene más en cuenta tu salud?

   En alguna ocasión se ha dicho que los productos de un solo uso están fabricados con materiales que no son muy buenos para la salud. Es evidente que estos productos no se llevan cada día del

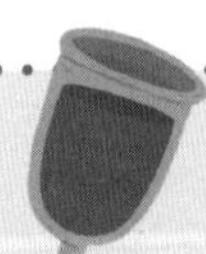

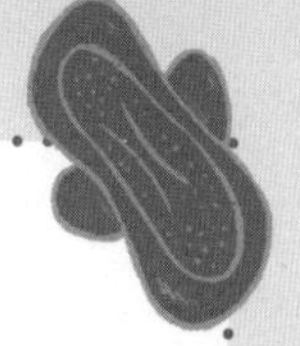

mes, pero, si decides usarlos, vale la pena que estés alerta para ver si te producen alguna alergia o si te sientes bien con ellos.

3. ¿Qué método es más ecológico?

Una sola persona, de manera individual, no tiene toda la responsabilidad de hacer el mundo más ecológico, pero, **si puedes aportar un granito de arena y hacer las cosas de manera más consciente con el medio, es genial**. En este caso, los productos reutilizables o, directamente, el sangrado libre son los más adecuados para ti.

Recuerda que una combinación de estas tres cosas te puede ayudar a elegir y que, en cualquier momento, puedes cambiar de método. A medida que conoces mejor tu propio ciclo menstrual y ganas seguridad en tu propio cuerpo, puedes escoger mejor el método que a ti te vaya bien.

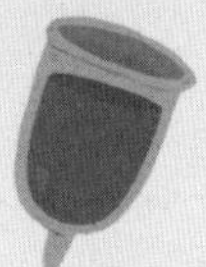

SI DICEN QUE LOS TAMPONES Y LAS COMPRESAS DE UN SOLO USO PUEDEN NO SER SALUDABLES, ¿POR QUÉ LOS VENDEN?

En su momento, cambiar las compresas de ropa que se usaban antiguamente por las compresas de un solo uso y los tampones fue muy innovador y permitió que las mujeres estuvieran más cómodas mientras tenían la regla. Y, cuando un producto de este estilo ayuda a mejorar tanto, es muy difícil cambiarlo. No obstante, existen compresas y tampones de un solo uso que están hechos de algodón y que son más seguros.

MIS REFLEXIONES

Quizá te apetezca tener tu propio espacio para crear tus preguntas sobre la regla, buscar tus respuestas o anotar tus reflexiones.

¡GRACIAS!

Gracias por haber elegido este libro. Quizá lo has encontrado en la biblioteca. O te lo ha prestado alguna amistad. O te lo han regalado en casa. Sea como sea, te agradezco mucho que hayas querido profundizar en este mundo de la menstruación.

Ahora te toca a ti acabar de integrar todo lo que has aprendido aquí. Si lo deseas, busca a personas de tu confianza para preguntarles sobre las dudas que tengas.

Si quieres saber más sobre sexualidad en general, te recomiendo un libro que escribí sobre ello, se llama *¡Hola, sexo!* y espero que te ayude a aprender más cosas.

Siempre es importante tener un círculo de confianza con quien hablar de todos estos temas y también espacios de información fiable para seguir aprendiendo.

BIBLIOGRAFÍA

Crespi Asensio, Elena (2024), *¡Hola, sexo!*, B de Blok.

Salvia, Anna, y Torrón, Cristina (2020), *La regla mola, si sabes cómo funciona*, Montena.

Sanders, Jessica (2020), *Tu cuerpo es único y es extraordinario. ¡Aprende a quererlo!*, RBA.

Torrón, Marta, y Torrón, Cristina (2021), *Tu cuerpo mola, aprende a descubrirlo*, Montena.